T0122486

V&Runipress

Karl H.L. Welker

Warum Möser

V&R unipress

Die Drucklegung wurde gefördert von der Stadt Osnabrück und der Senator-Lehmann-Stiftung, Osnabrück.

Bibliografische Information der Deutschen Nationalbibliothek
Die Deutsche Nationalbibliothek verzeichnet diese Publikation in der
Deutschen Nationalbibliografie; detaillierte bibliografische Daten sind
im Internet über http://dnb.d-nb.de abrufbar.

ISBN 978-3-89971-376-3

Abbildung Seite 2: Möser-Denkmal, Osnabrück
© Jo Hackler (Fotograf)

Gesamtherstellung: Hubert & Co., Göttingen

Gedruckt auf alterungsbeständigem Papier.

Der Druck folgt dem am 10. Dezember 2006 im Friedenssaal des Osnabrücker Rathauses gehaltenen Festvortrag zum 286. Geburtstag von Justus Möser.

Die Stadt Osnabrück und die Justus-Möser-Gesellschaft veranstalten jährlich gemeinsam den Festvortrag zum Geburtstag von Justus Möser.

I.

Als der federführende Herausgeber von Mösers Sämtlichen Werken, Ludwig Schirmeyer, kurz vor dem 160. Geburtstag Mösers über das Thema »Weshalb Möser« sprach, konnte er mit einem Zitat von Hermann Rothert eine kurze, aber schlüssige Antwort bieten.[1] Dieser hatte in seiner dreibändigen »Westfälischen Geschichte« geschrieben, Möser sei das einzige Genie gewesen, das Westfalen hervorgebracht habe.[2] Es bedarf wohl keiner ausführlichen Begründung, warum dieser Verweis und die Behauptung heute nicht mehr überzeugen. Weder verpflichtet uns ein einmalig in einem Kulturraum auftretendes Genie dazu, uns mit ihm eingehend zu beschäftigen, noch gibt es einen Anlass, sich mit der sog. Genialität irgend eines Menschen immer wieder und immer wieder neu zu befassen.

Symptomatisch ist aber die Antwort von Schirmeyer gleichwohl für das Selbstverständnis, mit dem man in der ersten Hälfte des 20. Jahrhunderts das Interesse an Möser nicht allein für wichtig, sondern auch für notwendig hielt. Möser galt als geistige Autorität, der man folgen, ja gehorchen musste, die zu befragen unschicklich, geradezu frevelhaft erschien. Der Waschzettel, mit dem für die große Werkausgabe geworben wurde, sprach von Möser als Lehrer, »Volkspädagogen«, Praeceptor germaniae.[3] Ein der historischen und wissenschaftlichen Einordnung

---

1 Niedersächsisches Staatsarchiv zu Osnabrück, Erw A 31 Akz. 21/1998 Nr. 22.
2 Hermann Rothert, Westfälische Geschichte. 3 Bde. 3. Bd. Gütersloh 1953 (Nachdruck Osnabrück 1986), S. 373.
3 Niedersächsisches Staatsarchiv zu Osnabrück, Erw A 31 Akz. 17/1990 Nr. 8 und Akz. 21/1998 Nr. 46.

entrückter Meister hatte ein Werk hinterlassen, dem man sich mit Bewunderung näherte. Es ging dabei, wie das Zitat von Schirmeyer verrät, nicht allein um die Person von Justus Möser, sondern ebenso um den Genius loci. Auch Westfalen hatte seinen Klassiker – das war bereits die Aussage Rotherts –, weshalb Möser ernst genommen werden sollte. Nicht die inhaltliche, auf Kenntnis seiner Schriften beruhende Wertschätzung stand im Vordergrund, sondern ein Status, der sich durch ein mächtiges Denkmal und eine zu veranstaltende, zuletzt 16-bändige Gesamtausgabe veranschaulichen ließ.

Möser galt als »Erzieher«. In einer Zeit sich zunehmend imperial gebenden Kaisertums mit reichseinheitlicher Kultur und in einer Phase politischer Unsicherheit nach 1918 bildete Möser als bodenständige Geistesgröße eine unverdächtige Orientierung. In seinen Schriften suchte man Stoff zur Selbst- wie zur Staatsbildung.

August Julius Langbehn hatte 1890 in »Rembrandt als Erzieher« die Rückbesinnung auf das heimatverbundene Künstlertum der Niederdeutschen gefordert. Dieses in hoher Auflage verbreitete Werk wollte eine »Bildung des Volksgeistes« in Deutschland anregen. Möser stand in dieser Programmatik für eine Synthese von Kunst und Politik. In bewusster Überdehnung seines als begrenzte Amtsfunktion verstandenen Titels »Advocatus patriae« galt Möser Langbehn als »Anwalt der Landschaft«.[4]

»Dürer als Führer«, ein weiteres Werk Langbehns, gab den Anstoß zur Gründung des 1935 verbotenen »Dürerbundes«. Langjähriger Schriftführer dieser kunstpolitisch

---

4 Rembrandt als Erzieher. Von einem Deutschen. 85.–90. Aufl. Stuttgart 1936, S. 240.

hervorgetretenen Vereinigung war in Osnabrück der eingangs erwähnte Ludwig Schirmeyer.[5]

Wurde Möser – wie dargestellt – Objekt einer zweifelhaften »Geistespolitik«, fehlte es gleichzeitig nicht an Lesern seiner Werke, die diese aus sich heraus würdigten und sogar zum kulturgeschichtlichen Maßstab erhoben. Selbst Hugo von Hofmannsthal, dem man Deutschtümelei nicht nachsagen kann, sprach über Möser mit einer uns heute fremden Ergriffenheit.[6] Er hatte bereits in seiner Jugend Möser durch intensive Lektüre kennen- und schätzen gelernt und erblickte in ihm einen »deutschen Schiftsteller, dergleichen kaum wiedergekommen ist.« In seinem 1926 vorgelegten »Deutschen Lesebuch« fährt er fort: »Sollte die Nation eines solchen Mannes je ganz uneingedenk werden, so wäre daran mit Schrecken zu erkennen, dass sie im Kern verändert ist.« Mösers Schriften gehörten demnach zum unverzichtbaren Bestand deutschen Kulturguts.

Selten nur erfolgte eine Gesamtwürdigung Mösers auf der Grundlage umfassender Kenntnis seines Schaffens. Meist waren es lediglich Teilaspekte des Werks, über die Möser begriffen oder charakterisiert wurde. So trat er unabhängig voneinander als Literat, Historiker und Staatsmann in Erscheinung.

Demgegenüber war es Mösers Zeitgenossen leichter gefallen, sich von dem Verfasser zahlreicher, in ganz

5 Ferdinand Schirmeyer, Von meinem Vater. In: In Memoriam Ludwig Schirmeyer 1876–1960 (Schola Carolina. Mitteilungsblatt des Carolingerbundes Nr. 66, Oktober 1961), S. 10–118, S. 98 f.

6 Joachim Seng, »Es wird einem wohl, wenn man in diese Welt hineinsieht«: Hugo von Hofmannsthal und Justus Möser. In: Möser-Forum 3 (1995–2001), S. 361–368.

Deutschland verbreiteter Schriften ein deutliches Bild zu machen. Sie verfolgten nicht allein deren Veröffentlichung, sondern konnten zudem auf Gewährspersonen zurückgreifen, die Möser persönlich nahe standen oder kannten. Deshalb verwundert es nicht, wenn Möser im Gegensatz zur späteren Betonung seines kulturpolitischen Stellenwerts in seiner Zeit vor allem als außergewöhnliche Persönlichkeit Beachtung fand.

Christian Friedrich Schubart beispielsweise zählte Möser zu den »beste[n] prosaische[n] Schriftsteller[n]« überhaupt.[7] Er wusste von ihm über Friedrich Nicolai, der Möser später in Pyrmont häufiger treffen sollte, und verglich ihn – in einem erstmals in diesem Jahr edierten Brief – mit Orpheus: Was »Orpheus vor Griechenland«, sei »Möser vor Osnabrück«.[8] Das verwies nicht bloß auf eine Stimme, die alle(s) bewegte, sondern auch auf den Mut, mit dem Möser in die Tiefe der Geschichte hinabgestiegen war.

Dieses frühe, aus dem Jahr 1773 stammende Zeugnis rühmender Beachtung steht keineswegs isoliert. Bereits zu Lebzeiten war Möser allgemein – sogar bei Kaiser Josef II. – bekannt.[9] Außerhalb Osnabrücks galt er als

---

7 Christian Friedrich Daniel Schubart, Briefwechsel. Kommentierte Gesamtausgabe in drei Bänden. Hrsg. von Bernd Breitenbruch. Bd. 1. Konstanz etc. 2006 (Bibliotheca Suevica), S. 127 (An Andreas Wolbach, 14.11.1767).
8 A.a.O., S. 237 (An Matthias Sprickmann, 21.8.1773).
9 William [F.] Sheldon, Zum Problem der Leibeigenschaft bei Justus Möser. In: Dienst für die Geschichte. Gedenkschrift für Walther Hubatsch. Hrsg. von Michael Salewski und Josef Schröder. Göttingen, Zürich 1985, S. 62–70.

Leitfigur der Jugend, des »Sturm und Drang«.[10] In der Stadt und im Fürstbistum hingegen blieb die Resonanz auf seine Publikationen merkwürdig verhalten. Seine menschliche Präsenz scheint die literarische übertroffen zu haben. In den »Empfindungen bei Mösers Tod«, die der freisinnige Theobald Wilhelm Broxtermann im Januar 1794 verfasste, wird zwar an panegyrischem Überschwang nicht gespart, doch richtete sich Broxtermanns Blick nicht auf Mösers überregionale Geltung, sondern auf seinen Osnabrücker Wirkungskreis, in dem der »Lenker unserer Wohlfahrt« im Moment, »da Europa tief erschüttert«, spürbar fehlte.

In der zeitgenössischen Wahrnehmung kam es zu keinem zusammenfassenden Urteil über die Bedeutung Mösers. Neben einer durchgängigen persönlichen Wertschätzung blieb die innere Verbindung zwischen Mösers literarischer Produktion und seinem politischen Engagement weitgehend unerkannt. Sie war erahnbar, wurde jedoch nicht ausgelotet.

II.

Erst nach 1794 machten zwei Biografien auf die Bandbreite von Mösers Wirksamkeit aufmerksam. Während Friedrich Nicolai Möser als Lichtgestalt der späten Aufklärung erscheinen ließ, konterkarierte Winold Stühle ihn als Osnabrücker Mitbürger.[11] Beide schöpften aus ihrer

10 Sturm und Drang. Geistiger Aufbruch 1770–1790 im Spiegel der Literatur. Hrsg. von Bodo Plachta und Winfried Woesler. Tübingen 1997.
11 Henning Buck [Hrsg.]: Leben Justus Mösers von Friedrich Nicolai, Berlin und Stettin 1797. Mit Erläuterungen, Materialien zum Text und einem Nachwort. Osnabrück 1994 (Kultur

persönlichen Begegnung mit Möser und verarbeiteten ihre mit ihm geführten Gespräche. Sie maßen Möser im jeweiligen Kontext eine besondere Bedeutung zu, weckten jedoch keine Neugierde, sich eingehend mit Möser zu befassen. Nicolai und Stühle wollten ein abschließendes Erinnerungsbild überliefern.

Anders Goethe. Noch heute wird die bekannte, Möser betreffende Passage aus »Dichtung und Wahrheit« herangezogen, um Möser vorbildhaft erscheinen zu lassen. Goethe hatte in seinen prägenden Jahren Möser intensiv gelesen und sich in seine politisch-historische Gedankenwelt versetzt, dann aber in den 1780er Jahren zunehmend von Regierungs- und Verwaltungsfragen Abstand genommen, damit auch von Möser. Einer persönlichen Bekanntschaft in Osnabrück ist Goethe später offenkundig ausgewichen.[12] Wie bei Schubart beruhte das Möserbild Goethes vorwiegend auf Lektüre und Hörensagen. Nachrichten aus Osnabrück flossen Goethe allerdings über Jahrzehnte in erheblichem Umfang zu. Sein Großonkel, der Schriftsteller Johann Michael von Loën war Kommilitone von Mösers Vater und lebte als Regierungspräsident in Lingen und Tecklenburg;[13] mit Mösers Tochter Jenny von Voigts korrespondierte Goe-

im Osnabrücker Land. Bd. 4); Winold Stühle, Ueber Möser und dessen Verdienste um's Vaterland, nebst verschiedenen Bemerkungen über Staats-Verfassung. Osnabrück 1798.

12 Georg Kass, Möser und Goethe. Berlin 1909; Stefan Efler, Der Einfluß Justus Mösers auf das poetische Werk Goethes. Hannover 1999.

13 Franz Götting, Goethes Großoheim Johann Michael von Loën. In: Goethe-Kalender 1939, S. 175–217; Karl H.L. Welker, Rechtsgeschichte als Rechtspolitik. Justus Möser als Jurist und Staatsmann. 2 Bde. Osnabrück 1996 (Osnabrücker Geschichtequellen und Forschungen 38), S. 734.

the; schließlich gehörte Rudolf Abeken, der Herausgeber der zehnbändigen Möserausgabe, zeitweise zu Goethes Weimarer Bekanntenkreis.[14] Goethe war zudem geprägt von Dankbarkeit für die durch Möser empfangenen frühen mannigfaltigen Anregungen, deren Spuren sich in seinen Werken vielfach finden.

Um die Dimension der Vorbildlichkeit Mösers zu verdeutlichen, verglich Goethe – ähnlich wie es Schubart getan hatte – Möser mit einer allgemein anerkannten Koryphäe – nicht mit eine mythologischen Figur wie Orpheus, sondern mit einem Mann höchsten Ansehens, in seiner Zeit wie heute: Benjamin Franklin.

Der Vergleich war keine Erfindung Goethes.[15] Schon 1783 schloss ein Artikel über Franklin in der »Berlinischen Monatsschrift« mit einer Auflistung von Ähnlichkeiten an Interessen und intellektuellen Begabungen zwischen Franklin und Möser. Ein Hauptmoment blieb dabei allerdings ausgespart: Die politische Stoßrichtung von beiden galt dem Erhalt und der Unabhängigkeit der englischen Nebenländer, aus denen sie kamen. 1783 hatte Franklin im Frieden von Paris die Anerkennung der USA durch England erreicht, im selben Jahr endete die englische Vormundschaftsregierung in Osnabrück.[16] Während dabei Franklin offen wie ein Medienstar auftrat, arbeitete Möser eher im Hintergrund. Ihm ging es nicht um einen sichtbaren Bruch mit England, einem

14 Ludwig Bäte, Goethe und die Osnabrücker. Berlin 1970.
15 Welker, Rechtsgeschichte als Rechtspolitik (s. Anm. 13), S. 599 f.
16 Christine van den Heuvel, Osnabrück am Ende des Alten Reichs und in hannoverscher Zeit. In: Geschichte der Stadt Osnabrück. Hrsg. von Gerd Steinwascher. Belm 2006, S. 313–444, S. 334.

erklärten Rückzug vom Kontinent, sondern um die Fortsetzung der seit 1764 angebahnten faktischen Selbstregierung des Fürstbistums.

Die weltgeschichtliche Bedeutung Franklins bestand jedoch nicht allein in der vertraglich vereinbarten Loslösung englischer Kolonien vom Mutterland, sondern in der Vereinigung derselben zu einer Nation.[17] Gerade auf diese Leistung zielte Goethes Vergleich zwischen Möser und Franklin.

Beide hatten in den 1760er Jahren in London als diplomatische Vertreter über existentielle Fragen mit der englischen Krone zu verhandeln. Beide hatten sich in Pennsylvania bzw. Osnabrück um Gesetzgebung und allgemeine Wohlfahrt gekümmert; doch verengte sich ihr Blick nicht auf ihren beruflichen Wirkungskreis. Im Gegenteil: Zunehmend standen ihnen nicht allein die von Parlament und Ständen erhobenen Ansprüchen vor Augen, sondern die Betroffenen selbst, die Einwohner ihrer vertretenen Länder.

Hatte es Franklin in Amerika mit einer sozial und religiös heterogenen Gemeinschaft von Bürgern und Farmern zu tun, musste er zur Verständigung vor allem erst einmal eine gemeinsame Sprache finden. Auch Möser bemühte sich vor aller politischen Initiative um die Suche nach elementaren kulturellen Voraussetzungen – in Osnabrück mit Blick auf die bestehende Bikonfessionalität, in Deutschland mit Bezug auf die autarken historischen und literarischen Ursprünge.

---

17 Jürgen Overhoff, Benjamin Fanklin. Erfinder, Freigeist, Staatslenker. Stuttgart 2006; Edmund S. Morgan, Benjamin Franklin. Eine Biographie. München 2006.

Wie Franklin verfolgte Möser seine Ziele durch die Gründung von Zeitungen.[18] Beide nahmen sich unabhängig voneinander die Moralische Wochenschrift »The Spectator«, die zwischen 1711 und 1714 in London erschien, zum Vorbild. Dort fanden sie den heiteren Plauderton, mit dem sie über Alltagsdinge räsonnierten und ansprechend Menschenbeobachtung und Menschenkenntnis miteinander verbanden.

In Philadelphia wie in Osnabrück entstand stilbildende Prosa. Als Buchdrucker und Verleger versorgte Franklin seine Leser mit einem breiten Spektrum an Literatur.[19] Dabei gewannen seine eigenen, in »Poor Richard's Almanach« gesammelten Lebensweisheiten großen Einfluss auf das Selbstverständnis der Amerikaner. Mit Sentenzen wie »Time is money« oder »Early to bed and early to rise makes the man healthy, wealthy and wise« schuf er das Ideal des Selfmademan, dem er durchaus selbst entsprach. Auch Möser setzte vorrangig auf praktische, vorzugsweise selbst erworbene Erfahrung. Auch wenn er Lustbarkeiten keinesfalls ablehnte, wusste er doch, dass es das wahre Vergnügen nicht ohne Arbeit gab. Entsprechend rief er zu Eigeninitiativen auf und bemühte sich – wie Benjamin Franklin – das Beispiel eines gemeinnützigen Bürgers vorzuleben.[20]

18 Wolfgang Hollmann, Justus Mösers Zeitungsidee und ihre Verwirklichung. München 1937 (Zeitung und Leben. Bd. 40).
19 Benjamin Franklin, Autobiographie. Leipzig, Weimar 1983; J.A. Leo Lemay, The Life of Benjamin Franklin. Volume 1. Journalist, 1706–1730. 2. Aufl. Philadelphia 2006, Volume 2. Printer and Publisher, 1730–1747. Philadelphia 2006.
20 Karl H.L. Welker, Die Advokatur als »Pflanzschule des Staates«. Mösers Selbstverständnis. In: Ders. (Hrsg.), Vom Ursprung der anwaltlichen Selbstverwaltung. Justus Möser und die Advokatur. Göttingen 2007 (im Druck).

Immer mal wieder wurde in der Forschung darauf hingewiesen, dass der Vergleich zwischen Möser und Franklin hinke. Möser habe weder Blitzableiter noch Glasharmonika erfunden, noch eine wissenschaftliche Akademie gegründet. Auch besaßen seine politischen Ideale nicht die durchschlagende Wirkung wie die freiheitlich-demokratischen Franklins. Das ist zutreffend. Doch muss auch gesehen werden, wie isoliert Möser um 1770 in Deutschland stand. Er hatte keine politische Bühne, keinen vergleichbaren Rückhalt wie Franklin in kolonialen Parlamenten. Und doch erreichte er mit seinen Schriften ein nationales Publikum. Als Mann der Tat, als »Geschäftsmann«, wie Nicolai und Goethe ihn übereinstimmend charakterisierten, konnte sich Möser nicht allein innerhalb der bestehenden politischen Verhältnisse behaupten, sondern ermutigte alle, die ihn kannten, zu einer Selbsthilfe, die diese Rahmenbedingungen relativierten. Wie Franklin weckte Möser bürgerliches Selbstwertgefühl und förderte damit den Gemeingeist. Das musste Goethe und seinen Zeitgenossen imponieren.

III.

Wie Franklin, der heute als Gründungsvater und Prototyp der amerikanischen Moderne geehrt und gewürdigt wird, markiert auch Möser einen Anfang und verdient Aufmerksamkeit, die über das Biografische und Regionale hinausreicht. Möser steht für den Beginn des bürgerlichen Zeitalters, für das heute allgemein geteilte Selbstverständnis als »Staatsbürger«. Der von ihm als »Patriotismus« bezeichnete Gemeinsinn setzte einen politisch engagierten, weltoffenen Bürger oder Landmann voraus, der nicht allein seine eigenen Interessen verfolgte, sondern ebenfalls die Förderung der öffentlichen Wohlfahrt als Aufgabe sah. Dieser Patriot war nicht der Selfmademan Franklins, der sich in Parlamenten vertreten lassen konnte. Möser setzte grundsätzlicher an: Er machte die Politik zur Sache jedes Privatmanns. Wer heute zum Thema »Warum Möser« spricht, wird darauf verweisen müssen.

Als Möser sich vornahm, aktuelle Probleme der Osnabrücker Gesetzgebung dem Leser einer speziell dazu gegründeten Zeitung vorzulegen — gleichsam wie zur Beratung bei den Landständen —, suchte er Informationen über die Einrichtung bestehender Intelligenzblätter.[21] Zu diesem Zeitpunkt, Ende Juni/Anfang Juli 1766, traf er, wie jüngste Forschungen als sicher erscheinen lassen, neben Gottfried Ephraim Lessing in Pyrmont auch Benjamin Franklin.[22] Über die Gespräche bei dieser Trinkkur, von der Möser in seltener Euphorie berichtete, wissen wir lediglich, dass sich Lessing und Möser über die Freimaurer unterhielten. Franklin war seit 1734 Großmeister der ersten amerikanischen Loge und Möser kannte bereits 1746 den geheimen Treffpunkt der Frei-

---

21 Monika Fiegert, Karl H.L. Welker, Aufklärung auf dem Land. Anspruch und Wirklichkeit im Fürstbistum Osnabrück. In: Möser-Forum 2 (1994), S. 139–175; Henning Buck, »Jeder Hofgesessene sollte glauben, die öffentlichen Anstalten würden auch seinem Urteil vorgelegt«. Geistiger Aufbruch im Osnabrückischen Intelligenzblatt. In: Plachta, Woesler, Sturm und Drang (s. Anm. 10), S. 249–263.
22 Overhoff, Franklin (s. Anm. 17), S. 224 f; Brigitte Erker, Justus Möser in Pyrmont. 1746–1793. Bad Pyrmont 1991 (Schriftenreihe des Museums im Schloß Bad Pyrmont. Nr. 17), S. 10.

maurer in Pyrmont.[23] Die Mitgliedschaft in einer Loge, die auch für Lessing bezeugt ist, weist auf ein Interesse an Gesprächen über die Standesgrenzen hinweg.

Mösers Anliegen war es, solche Gespräche nicht allein in geheimen Zirkeln, sondern in der Öffentlichkeit zu führen. Dazu diente ihm das im Herbst 1766 gegründete Osnabrücker Intelligenzblatt. In ihm wurde in Deutschland erstmals politische Öffentlichkeit hergestellt.[24] England war dieser Entwicklung mindestens 50 Jahre voraus.[25] Dort lösten den erwähnten politisch indifferenten »Spectator« Zeitungen ab, die über Parlamentsdebatten kritisch berichteten. Das Neue und Aufmerksamkeit Erregende an Mösers Intelligenzartikeln war indes nicht die tagespolitische Brisanz, sondern das theoretische Niveau, auf dem Möser die angesprochenen Gegenstände behandelte.

Hinzu kam eine Vielfalt an Themen, die die Lebensverhältnisse in einem mittelgroßen deutschen Territorium realistisch und lebendig abbildeten. Ungeschönt wurden wirtschaftliche Probleme angesprochen. Nichts schien wirklich zur allgemeinen Zufriedenheit geregelt zu

---

23 Carl Van Doren, Benjamin Franklin. New York 1938, S. 132; Erker, Möser in Pyrmont (s. Anm. 22), S. 9 f; Dies., Friedrich Nicolai in Pyrmont. Kontakte und Geselligkeit eines Aufklärers. In: Dieter Alfter (Hrsg.), Badegäste der Aufklärungszeit in Pyrmont. Bad Pyrmont 1994 (Schriftenreihe des Museums im Schloß Bad Pyrmont Nr. 25), S. 50–72, S. 58.
24 Welker, Rechtsgeschichte als Rechtspolitik (s. Anm. 13), S. 453 ff.
25 Dagmar Freist, Wirtshäuser als Zentren frühneuzeitlicher Öffentlichkeit. London im 17. Jahrhundert. In: Johannes Burkhardt, Christine Werkstetter (Hrsg.), Kommunikation und Medien in der Frühen Neuzeit. München 2005 (Historische Zeitschrift. Beiheft 41), S. 201–224.

sein, über alles gab es kontroverse Meinungen. Und doch zählte der von Möser angeregte geistige Austausch zum Essentiellen des Gemeinwesens. Der junge Herder, der Anfang der 1770er Jahre seinen eigenen Kulturbegriff konzipierte, merkte auf, als ihm das Osnabrückische Intelligenzblatt in die Hände fiel. Möser machte ihm bewusst, dass sich ein Volk im Prozess der Wandlung befindet und durch Stufen der Entwicklung geht. Wohl deshalb nahm Herder einen Text Mösers über Geschichtsschreibung in seine Programmschrift »Von deutscher Art und Kunst« auf.

Von den ca. 800 Beiträgen, die das Osnabrückische Intelligenzblatt bis 1782 brachte, stammte die Hälfte von Möser selbst; d.h. im Durchschnitt verfasste er alle 14 Tage einen Artikel. Um eine größere Meinungsvielfalt zu erreichen, forderte Möser seine Leser auf, ihm ihre persönlichen Ansichten zuzusenden.[26] Diese Zuschriften wollte er bearbeiten und veröffentlichen – was auf der Linie lag, jedermann aufzufordern, mit allgemein interessierenden Erfahrungen einen Beitrag zum Gemeinwohl zu liefern. Die Resonanz war jedoch bescheiden. Ein Grund dafür lag vermutlich in der vorgegebenen hohen Qualität der bereits gedruckten Intelligenzartikel. In der Zeitungswissenschaft zählen sie traditionell zu den ersten gelungenen Feuilletonbeiträgen.[27] Ihr Stil hat zwar Nachahmer gefunden, der besondere Ton und lockere Umgang mit kontrovers diskutierten Fragen blieben jedoch unerreicht.

26 Gisela Wagner, Zum Publikumsbezug in Mösers Beiträgen für die *Wöchentlichen Osnabrückischen Anzeigen.* In: Möser-Forum 1 (1989), S. 76–87.
27 Wilmont Haacke, Handbuch des Feuilletons. Bd. 1. Emsdetten 1951, S. 50 f, 308 ff.

Um den Mangel an engagierten Mitstreitern auszugleichen, schrieb Möser unter verschiedenen Namen. Das ist in der Geschichte der Publizistik nichts Ungewöhnliches. Das Besondere bei Möser aber war, dass er seine Namen und Perspektiven fast ständig wechselte. Er verwendete dabei unterschiedliche rhetorische Mittel, um stets humorvoll und heiter überzeugend zu argumentieren oder Sachverhalte einseitig zuzuspitzen. Dabei hatte er den ihn kennzeichnenden tändelnden Rokokoton seiner Moralischen Wochenschriften verlassen. Nicht mehr bloß witzelnd setzte er nun vorwiegend Pointen, um auf Probleme hinzuweisen; Ziel war dabei eine, wie Möser sie nannte, »heitere Aufklärung«.[28]

Schon Erasmus von Rotterdam wusste, dass sich alle Wahrheiten sagen ließen, wenn sie bloß heiter vorgetragen werden.[29] Ihm folgend konnte Möser festhalten, dass es nichts einbringt, seinem Publikum »Ihr seid alle Narren« zuzurufen. Weder für Erasmus noch für Möser war das Gemeinwesen ein sich auf Irrfahrt befindliches Narrenschiff. Deshalb hatte Möser die Bühnenfigur des Harlekin verteidigt. Sie konnte die Menschen über sich selbst lachen lassen, sie durch die Erkenntnis der eigenen »heilsamen Torheit« kurieren.

Mit der verdeckten Identität als Redakteur des Osnabrücker Intelligenzblatts wollte Möser kaum etwas anderes. Nie veröffentlichte er apodiktische Behauptungen oder äußerte sich rechthaberisch. Stets machte er die soziale Problemlage deutlich und legte gleichsam den

28 Joachim Seng, »Heitere Aufklärung« – Justus Mösers *Harlekin*. In: Möser-Forum 3 (1995–2001), S. 95–113.
29 Erasmus von Rotterdam, Das Lob der Torheit. Übers. und hrsg. von Anton J. Gail. Stuttgart 1980 (Universal-Bibliothek Nr. 1907), S. 45 f.

Finger in die Wunde. Einfachen Lösungen erteilte er eine Absage. Wenn auch stets in freundlichem Ton, verunsicherte er doch seine Leser in ihrer vorgefassten Meinung, belebte damit die »Circulation der Ideen« und fordert zu weiterem Nachdenken auf.[30] – Möser war insoweit nicht der besserwissende »Advocatus patriae«, als den man ihn später gern gesehen hat, sondern verstand sich eher als Advocatus diaboli, der Gegenargumente erfand und spielerisch in die aufgegriffene Meinungsbildung einführte. – Möser wäre anmaßend erschienen, wenn er im Osnabrückischen Intelligenzblatt ein eigenes politisches Programm entwickelt hätte. Dennoch zeichnen sich seine Positionen teilweise deutlich ab.

Anstelle destruktiver, niederreißender Kritik unterbreitete Möser rechtspolitische Vorstellungen, die häufig zu Visionen gerieten und erst Jahrzehnte später Einfluss entfalteten. Dazu zählten die Förderung des Leinenhandels, die Umwandlung der Eigenbehörigkeit in Erbpachtverhältnisse, die Einrichtung von Witwenkassen und Invalidenversicherungen sowie die Einführung von Schwurgerichten. Mit keiner dieser im einzelnen verdienstvollen Anregungen hat Möser jedoch so nachhaltig gewirkt wie mit seinem Vorschlag, das Prinzip der Selbstverwaltung in die Landespolitik einzuführen.[31] Es sollte im wirtschaftlichen Bereich die Zunftverfassung

30 Winfried Siebers [Hrsg.]: »Circulation der Ideen«. Justus Möser und die Aufklärung in Nordwestdeutschland. Eine Ausstellung der Justus-Möser-Gesellschaft und der Universitätsbibliothek Osnabrück. 29.10. bis 30.11.1991 (Schriften der Universitätsbibliothek Osnabrück 3).
31 Karl H.L. Welker, Mösers »Vorschlag zu einem besondern Advocatencollegio«. In: Ders. (Hrsg.), Vom Ursprung der anwaltlichen Selbstverwaltung. Justus Möser und die Advokatur. Göttingen 2007 (im Druck).

ersetzen und auch auf sonstige Berufsgruppen – insbesondere Advokaten – Anwendung finden. Es war aber auch für die kommunale Verfassung vorgesehen. Freiherr vom Stein hat den Gedanken aufgegriffen und auf der Grundlage dieses Prinzips die preußische Städteordnung von 1808 geschaffen.

Möser wäre jedoch unterschätzt, wenn man sein Verständnis von Selbstverwaltung allein auf eine Organisationsform beziehen würde. Die Selbstverwaltung stellte für ihn vielmehr ein Medium engagierter Bürger dar, das seines Erachtens der Landesherr privilegieren sollte.

Diese in Auswahl und stichwortartig genannten Projekte, mit denen die regionale Gesetzgebung vielfach Anstöße erhielt, zeigen die Eigenart des Osnabrückischen Intelligenzblatts. Ein Seitenblick auf den »Wandsbecker Bothen« von Matthias Claudius oder die Kalendergeschichten von Johann Peter Hebel verdeutlichen Mösers Nähe zu den Bedürfnissen seiner Landsleute.

IV.

Möser, das sollte gezeigt werden, war Promotor des Aufbruchs ins bürgerliche Zeitalter und damit – im Sinne Hofmannsthals – ein Maßstab für kulturelle Identität. Mösers Bücher hatten jedoch auch ihre eigene Wirkungsgeschichte – und Mösers amtliche Schriften bilden eine weitere Säule bei dem Versuch, die Gründe für die anhaltende Bedeutung Mösers zu bestimmen.[32]

Bekanntlich ließ Möser die in den Beilagen zum Osnabrückischen Intelligenzblatt erschienenen Artikel sam-

32 Karl H.L. Welker, Aufgaben der Möserforschung. In: Osnabrücker Mitteilungen 110 (2005), S. 231–236.

meln und unter dem Namen seiner Tochter Jenny von Voigts herausgeben. Diese »Patriotischen Phantasien« zählen zur Weltliteratur. Sie bilden die bedeutendste Sammlung von Essays im 18. Jahrhundert in Deutschland und stehen damit in einer Tradition, die über Montaigne und Petrarca bis auf Ciceros Atticus-Briefe zurückreicht. Allen diesen Juristen ist gemeinsam, dass sie die Pluralität ihrer Welt beispielhaft beschreiben. War von Cicero bis Montaigne die eigene Befindlichkeit der Ausgangspunkt für Reflexion, blieb Mösers Selbst verborgen. Wichtig war ihm die Vielfalt der sozialen Phänomene.

Möser setzte sich nicht allein mit der englischen Aufklärung auseinander, sondern mindestens ebenso intensiv mit der französischen.[33] Seine Lektüre war durchweg eine kritische. So sehr er von den großen Denkern der Neuzeit abhängig blieb, so stark pochte er auf seine eigene Erfahrung und Sichtweise. Der quirlige Geist, den man Möser immer wieder attestierte, war an einer breiten, auf Totalität zielenden Erfassung seiner Welt interessiert. Dieser Blick hatte weder etwas Statisches noch Affirmatives. Er richtete sich auf die Möglichkeit von Veränderung. Möser war der Auffassung, dass alle hundert Jahre eine »Generalrevolution« in den Köpfen vorgehen sollte. Dazu wollte er mit seinen »Patriotischen Phantasien« beitragen.

---

33 Marsali Anne Dening, Justus Möser – French and English Influences on his Work. Oxford 1953 (Diss. masch.); Jean Moes, Justus Möser et la France. Contribution à l'étude de la réception de la pensée française en Allemagne au XVIIIᵉ siècle. 2 Bde. Osnabrück 1990 (Osnabrücker Geschichtsquellen und Forschungen XXX).

Möser gilt heute als einer der bedeutendsten Staatsdenker Deutschlands.[34] Aus dem 18. Jahrhundert ist er der einzige, der noch regelmäßig gelesen wird, – von dem ein Werk, die »Patriotischen Phantasien«, jedem politisch Denkenden ein Begriff ist. Die Interpretation von Mösers Texten war allerdings von jeher schwierig. Jede Generation hat ihren eigenen Möser entdeckt – was ja auch bei Klassikern die Regel ist.

Um Möser leichter begreifen zu können, hat das 19. Jahrhundert zwei sich widersprechende Deutungen vorgeschlagen, die zeitgenössischen politischen Strömungen entsprachen. So gab es ein liberales und ein konservatives Möserbild. Letzteres konnte sich durchsetzen, gilt aber heute als anachronistische Projektion. Maßgeblich für Mösers Staatsauffassung erscheint nicht mehr das auf Origines zurückgehende Idealbild des Gemeinwesens als Pyramide, das Möser heranzog, um die allgemein bekannten Auswüchse an der Staatsspitze zu kritisieren.[35] Vielmehr überzeugt heute die von Möser verwendete Metapher des englischen Gartens, die den Staat nicht als hierarchisches Gebilde, sondern als eine natürlich und wild wachsende Nation vorstellte.[36]

---

34 Jan Schröder, Justus Möser. In: Staatsdenker in der frühen Neuzeit. Hrsg. von Michael Stolleis. 3. erw. Aufl. München 1995, S. 294–309; Justus Möser, Politische und juristische Schriften. Hrsg. von Karl H.L. Welker. München 2001 (Bibliothek des deutschen Staatsdenkens. Bd 19).

35 Christoph Link, Justus Möser als Staatsdenker. In: Möser-Forum 2 (1994), S. 21–45.

36 Renate Stauf, Justus Mösers Konzept einer deutschen Nationalidentität. Mit einem Ausblick auf Goethe. Tübingen 1991 (Studien zur deutschen Literatur. Bd. 114); Welker, Rechtsgeschichte als Rechtspolitik (s. Anm. 13), S. 189 ff, 296 ff.

Auch die »Patriotischen Phantasien« präsentierten sich als solch ein scheinbar ungeordneter, pittoresker Garten. – Schon als Sammlung von Intelligenzartikeln war das vierbändige Werk Osnabrück eng verbunden. Aber das Fürstbistum war darin lediglich als Paradigma gedacht. Es stand lediglich beispielhaft für einen Teil Deutschlands und behauptete dessen historisch begründete, mit vitalem Patriotismus sich bewährende Eigenständigkeit.

Das Exemplarische kennzeichnete auch Mösers zweites Hauptwerk. In seiner »Osnabrückischen Geschichte« erklärte Möser in der »Vorrede«, dass seine Darstellung lediglich ein Muster sei, nach dem ein künftiger Livius eine »Deutsche Geschichte« erarbeiten könne.

Das Werk ist vorwiegend methodisch interessant. Es galt zu seiner Zeit und gilt auch heute noch als eine außergewöhnlich anspruchsvolle regionalhistorische Darstellung. Wenn sich auch derzeit die Geschichtswissenschaft nur mehr relativ schwach an die niemals gering gehaltenen Verdienste Mösers erinnert,[37] zeigt sich doch die Rechtsgeschichte Mösers Werk tief verbunden.

Mösers »Osnabrückische Geschichte« war die erste maßgebliche deutsche Verfassungsgeschichte. Alle großen rechtshistorischen Lehrbücher des 19. und 20. Jahrhunderts erwähnen sie – häufig als älteste zitierfähige Darstellung überhaupt. Sie beeinflusste entscheidend die Historische Rechtsschule und prägte das Bild Mösers als Vertreter des Historismus.

Mösers eigentliches Verdienst war aber, dass er erstmals die Geschichte ›von unten‹ betrachtete. Nicht Herr-

---

37 Thomas Vogtherr: Justus Möser und die moderne Geschichtswissenschaft. Von der Antiquiertheit eines Modernen. In: Möser-Forum 4 (in Vorbereitung); Joachim Rückert, Justus Möser als Historiker. In: Möser-Forum 2 (1994), S. 47–67.

scher und Grundherren galten ihm als Subjekt langfristiger Entwicklung, sondern der einfache Bewohner des Landes, der Bauer.[38] Es entsprach seiner Kritik am Absolutismus und am Obrigkeitsstaat, dass er den Blick vorrangig auf die unteren Schichten richtete. Damit wurde er zu einem frühen Wegbereiter der modernen Sozialgeschichte. Darüber hinaus führte Möser in der Historiographie eine Neuerung ein, die im 20. Jahrhundert zum Allgemeingut werden sollte: Die »Osnabrückische Geschichte« begann mit der Beschreibung der natürlichen Beschaffenheit des Landes. Aus dieser schloss Möser auf die Bedingungen der Besiedlung und auf die weitere Nutzung des Bodens. Der Strukturalismus sollte später ganz ähnlich ansetzen.

Möser hat an seiner »Osnabrückischen Geschichte« und an den »Patriotischen Phantasien« gleichzeitig gearbeitet. Daraus ergab sich für ihn ein historisches Verständnis für das Land, aber auch für die von ihm entworfene Politik. Die Geschichte Osnabrücks bot sich ihm als argumentative Grundlage an, um unter Hinweis auf eine ›gute alte Zeit‹ weitreichende Reformen zu planen. Diese Denkweise stand der zeitgenössischen, aus dem Naturrecht abgeleiteten philosophisch-abstrakten diametral entgegen. Möser, der vielfach dieselben inhaltlichen Ziele wie die Vordenker der Französischen Revolution verfolgte, lehnte insbesondere deren Freiheitsbe-

---

38 Otto Hatzig, Die bäuerliche Gesetzgebung in Osnabrück in den Jahren 1764–1783 (Justus Möser und der Osnabrücker Bauer). Hannover, Leipzig 1909. Diese bis heute grundlegende Arbeit erschien vollständig u.d.T. Justus Möser als Staatsmann und Publizist. Hannover, Leipzig 1909 (Quellen und Darstellungen zur Geschichte Niedersachsens. Bd. XXVII).

griff, mithin die Behauptung allgemeiner Menschenrechte als historisch unbegründbar ab.[39]

Dass Möser gleichwohl – wie wir heute sagen würden – sozial dachte, haben Zeitgenossen durchaus erkannt. In Russland, wo der westfälische Agrarreformer August Franz Ludwig Freiherr von Haxthausen wirkte, hat Möser wichtige Impulse für die Bauernbefreiung gegeben. Noch die »Große sowjetische Enzyklopädie«, die zwischen 1949 und 1961 erschien, lobte Möser nicht allein dafür, dass er die Bauern als »Hauptmacht der Geschichte« entdeckte, sondern auch, weil er »die fruchtbare Idee hatte, die Geschichte der Gesellschaft in der organischen Bindung aller ihrer Institute zu betrachten.«[40]

Als der dritten Säule des gegenwärtigen Möserbildes darf auf Mösers hinterlassenes amtliches Schrifttum hingewiesen werden, einem immens umfangreichen ungehobenen Schatz.[41] Er liegt ohne inneren Zusammenhang im Niedersächsischen Staatsarchiv zu Osnabrück weit verstreut. Die Forschungen der letzten Jahre haben nachgewiesen, dass es sich bei Mösers Tätigkeit als Regierungskonsulent, Regierungsreferendar und Geheimem Justizrat nicht einfach um eine spiegelbildliche Beschäftigung mit den gleichzeitig in den Intelligenzartikeln berührten Rechtsmaterien handelte. Mösers Arbeitsfeld

39 Jean Moes, Un adversaire allemand de la Révolution Française: Justus Möser. In: Travaux et Recherches 1972. Publications du Centre de recherches Relations Internationales de l'Université de Metz. T. 3. Metz 1973, S. 32–101; Welker, Rechtsgeschichte als Rechtspolitik (s. Anm. 13), S. 364 ff.
40 Für die Übersetzung danke ich Ksenia Metelskaja, Frankfurt am Main.
41 Winfried Woesler, Möser-Bibliographie 1730–1990. Tübingen 1997, S. 361 ff.

erstreckte sich vielmehr auf nahezu sämtliche Bereiche der territorialen Politik.

Trat er in der Öffentlichkeit heiter aufklärend seinem Publikum gegenüber, zeichnete sich seine berufliche Praxis eher durch Abklärung aus. In seinen meist geheimen diplomatischen Bemühungen zwischen den Ständen, der Regierung und dem Landesherrn setzte er ganz auf die eigene persönliche Aufrichtigkeit und das ihm geschenkte Vertrauen. Verdeckte Möser in den Beiträgen zum Intelligenzblatt seine Identität und oftmals auch seine wahre Überzeugung, lernt man ihn in seinen Promemorien und Gutachten kennen, wie er geradlinig juristisch und politisch argumentierte.

V.

Obwohl bei allem, was Möser leistete, Osnabrück im Mittelpunkt stand und Auswärtige noch heute bereits mit seinem Namen reflexartig Osnabrück verbinden, ist er in der Stadt, in der er lebte und wirkte, nur noch wenigen bekannt.

Die eigene Geschichte kann man sich jedoch nicht aussuchen. Man kann sie verdrängen oder vergessen. Man kann sie ignorieren. In allen Fällen erleidet man einen Realitätsverlust.

»Der Prophet gilt nichts in seinem Vaterland«, heißt es im »Götz von Berlichingen«, der übrigens ganz unter dem Einfluss von Goethes Möserlektüre entstand.[42] Schlimmer noch: In Osnabrück suchte man in den ver-

---

42 Winfried Woesler, Rechts- und Staatsauffassungen in Goethes *Götz von Berlichingen*. In: Plachta, Woesler, Sturm und Drang (s. Anm. 10), S. 105–120.

gangenen Jahren einen Möser, wie man ihn gerne haben wollte: einen gefälligen, leicht lesbaren Autor, einen Künder von Frieden mit internationalem Renommee – eine vermarktbare Größe.

Unkenntnis und Berührungsängste haben selbst in der Wissenschaft dazu beigetragen, um Möser einen Bogen zu machen. So steht neben dem Bild einer solitären Gestalt, die alle Fachgrenzen sprengt, die Auffassung, jede Stadt habe ihren eigenen Möser. Möser als ubiquitären Typus – immerhin!

Aufgabe der Justus-Möser-Gesellschaft ist heute, Osnabrück ihren Möser zurückzugeben.

Dazu muss auch die Möserforschung wieder aufgenommen werden. Die Stadt Osnabrück hat sie dankenswerterweise über Jahrzehnte finanziell unterstützt. Eine Sammlung von Primär- und Sekundärliteratur wurde angelegt, eine Bibliographie veröffentlicht.[43] Aber ein noch so üppiges Angebot an Texten – auch im Internet – schafft noch keinen Leser.

In diesem Jahr wurde der 300. Geburtstag von Benjamin Franklin gefeiert. Von seinen Schriften ist bereits der 45. Band erschienen.

»Deutschlands Franklin« hingegen, die bedeutendste historische Persönlichkeit Osnabrücks, der Intellektuelle in der Geistesgeschichte der Stadt, harrt noch immer seiner Entdeckung. In diesem Jahr erschienen allein fünf Biografien Franklins in den USA. Über Möser gibt es seit dem 18. Jahrhundert keine einzige.

---

43 Karl H.L. Welker, Die Möser-Dokumentationsstelle. In: Michael Maaser (Hrsg.), Stadt, Universität, Archiv (in Vorbereitung).